THERESA MARRAMA

Copyright © 2021 Theresa Marrama
Cover photo by CISV/MIGRA/AID 11659
Senegal map art by Sumit Roy
All rights reserved.
No part of this publication may be reproduced, stored in a retrieval system, or transmitted, in any form or by any means (electronic, mechanical, photocopying, recording or otherwise), without prior written permission of Theresa Marrama.

ISBN : 978-1-7364064-4-1

Des messages positifs, des messages d'espoir et d'amour, ce sont les plus importants, n'est-ce pas ?

TABLE DES MATIÈRES

Chapitre 1 : Zeina — 1

Chapitre 2 : La famille — 4

Chapitre 3 : Où sont mes peintures ? — 9

Chapitre 4 : Un grand mur — 14

Chapitre 5 : Le graffiti au Sénégal — 19

Chapitre 6 : Grafixx — 26

Chapitre 7 : Une expérience avec le graffiti — 33

Chapitre 8 : Zeinixx — 38

Chapitre 9 : Des messages positifs — 43

Chapitre 10 : Une lutte pour les femmes — 48

Glossaire — 56

ACKNOWLEDGMENTS

A big **MERCI BEAUCOUP** to Dieynaba Sidibé (AKA: Zeinixx/ Zeina). I am so grateful to you for taking the time to share your story with me. Most importantly, I am so thankful for your permission to let me write it! You are an inspiration and a role model that every young girl and woman needs to read about!

Merci beaucoup to Teresa Torgoff and Françoise Piron for your attention to detail and all your feedback!

CHAPITRE 1
ZEINA

Ceci est l'histoire d'une fille qui s'appelle Dieynaba Sidibé. Sa famille l'appelle « Zeina ». Aujourd'hui, tout le monde en Afrique et dans le monde l'appelle « Zeinixx ».

*****

– Zeina ! crie sa mère.

Zeina est dans sa chambre. Elle aime passer du temps dans sa chambre. Zeina est une fille avec une vie ordinaire. Elle a des rêves. Elle voit le monde et l'avenir en grand. Elle aime passer du temps à écouter de la musique, écrire et peindre. Elle écoute de la musique d'Oumou Sangaré pendant qu'elle peint. Elle écoute la chanson, « Dugu Kamelenba ». Elle aime beaucoup écouter et chanter les chansons d'Oumou Sangaré. Oumou Sangaré est une chanteuse malienne. Elle est très populaire en Afrique. Sa musique et ses chansons sont très populaires en Afrique.

– Zeina, je t'appelle. Qu'est-ce que tu fais ? demande sa mère.

– Oh, salut maman ! J'écoute de la musique et je **peins**[1].

Sa mère aime aussi la musique d'Oumou Sangaré. Elle n'aime pas voir Zeina **toujours peindre**[2].

– Oui, je vois ça. Tu aimes Oumou Sangaré, n'est-ce pas ? dit sa mère.

– Oui, maman ! J'aime beaucoup la musique d'Oumou Sangaré ! répond Zeina.

---

[1] **peins** - am painting
[2] **toujours peindre** - always painting

CHAPITRE 2
LA FAMILLE

Dieynaba est née le 2 juillet en 1990. Elle habite près de Dakar. Elle habite à Thiaroye, dans la **banlieue**[3] de Dakar. Dakar est la capitale du Sénégal. Le Sénégal est un pays dans l'ouest de l'Afrique. Dieynaba est **musulmane pratiquante**[4].

---

[3] **banlieue** – suburb
[4] **musulmane pratiquante** – practicing Muslim

Elle a deux grands frères Thierno et Aba et une grande sœur Anta. Zeina et sa grande sœur sont très complices, elles se parlent toujours et parlent de tout.

Elle a une mère. Sa mère travaille. Elle travaille beaucoup. Elle est agricultrice, éleveuse. Elle est aussi commerçante.

Elle a un père. Son père travaille. Il travaille beaucoup aussi. Il est ingénieur en génie civil.

— Zeina, tu veux faire du shopping ? Tu veux aller au magasin avec moi ? demande sa mère.

Zeina veut aller au magasin. Elle n'est pas comme les autres filles de l'âge de 14 ans. Elle ne veut pas acheter de vêtements. Elle ne veut pas acheter de chaussures. Elle veut acheter du matériel d'art. Elle veut acheter du matériel pour **peindre**[5].

– Oui, je veux y aller maman !

– Si tu veux, tu peux acheter des vêtements, dit sa mère.

Elle ne répond pas à sa mère, mais elle ne veut pas acheter de vêtements. Elle veut acheter du matériel d'art.

Zeina a toujours aimé la peinture. Normalement, elle achète sa peinture au

---

[5] **peindre** – to paint

détail pour faire elle-même ses **cadres**[6]. Souvent elle fait des **toiles** [7] pour les vendre.

---

[6] **cadres** – frames
[7] **toiles** – canvas

CHAPITRE 3
OÙ SONT MES PEINTURES ?

Un jour, Zeina est à l'école. Zeina va à l'école qui s'appelle GSSNT (Groupe scolaire Seydou Nourou Tall).

— Zeina, tu veux venir chez moi ce week-end ? demande Ousseynou.

Ousseynou Ka est un ami de Zeina. Il n'est pas seulement un ami mais un ami d'enfance. Il est le meilleur ami de Zeina.

— Oui, si on peut peindre ! répond Zeina.

Enfin, vendredi arrive. Après que les deux amis ont fini leur journée à l'école, Zeina va à la maison d'Ousseynou. Elle passe le reste de la journée avec son ami.

Quand elle retourne à sa maison, elle va dans sa chambre pour peindre.

C'est bizarre. Elle ne trouve pas ses peintures. Elle cherche et cherche quand elle voit quelque chose dans la poubelle de sa chambre.

– Maman, je ne trouve pas mes peintures. Est-ce que tu sais où je peux les trouver ? demande Zeina.

– Oui, je les ai jetées dans la **poubelle**[8], répond sa mère.

– Tu as jeté mes peintures dans la poubelle ? Pourquoi ? demande Zeina surprise.

– Tu n'as pas besoin de peintures. Tu dois passer plus de temps à lire ou étudier. Peindre est une perte de temps Zeina. Les filles ne passent pas du temps à peindre, répond sa mère.

Elle est surprise par la réponse de sa mère. Elle ne lui répond pas.

---

[8] **poubelle** – garbage can

Elle va dans sa chambre. Quelques minutes plus tard, sa sœur entre dans sa chambre. Elle peut voir qu'elle n'est pas contente. Elle demande :

– Zeina, quel est le problème ?

– Maman, elle a jeté toutes mes peintures dans la poubelle ! Elle pense que peindre est une perte de temps, explique Zeina.

– Zeina, maman a un avis différent, c'est tout. **Ne t'inquiète pas**[9]. Ça va bien aller.

---

[9] **Ne t'inquiète pas** – Don't worry

Zeina ne répond pas. Elle est contente d'avoir sa sœur. Elle la comprend. Elle aime qu'elles soient très complices. Elle aime qu'elles se parlent toujours et parlent de tout.

CHAPITRE 4
UN GRAND MUR

Un jour, Zeina regarde la télé. Elle regarde la télé quand elle voit un mur plein d'art. Elle voit des gens qui peignent un mur avec de **drôles d'outils**[10]. Elle est fascinée par le mur et l'art sur le mur. Elle est plus fascinée par les grandes surfaces pour pouvoir s'exprimer. C'est du graffiti.

– Oh, regarde l'art ! C'est incroyable !

– Ce n'est pas de l'art, répond sa mère.

---

[10] **drôles d'outils** – funny tools

– Oui, c'est absolument de l'art. J'aime beaucoup l'art sur les grands murs. J'aime toutes les couleurs. J'aime toutes les formes. C'est magnifique.

– Ce n'est pas de l'art. Je ne comprends pas bien comment on peut appeler ça de l'art, répond sa mère.

– Oh, maman, tu ne comprends pas mais c'est une forme d'art important.

– La seule chose que je vois c'est un mur qui est détruit par un ado qui n'a pas de travail ou qui ne veut pas travailler, explique sa mère.

– Maman, si tu lis les murs et les messages sur les murs, ce ne sont pas des messages négatifs. La plupart des messages sont des messages positifs, explique Zeina.

À ce moment, sa mère touche son épaule.

– Zeina, cela n'a pas d'importance. Tu vas être médecin dans le futur. Tu vas faire une différence ! dit sa mère.

Zeina ne répond pas. Elle pense au graffiti.

– Zeina ! Reviens sur terre ! dit sa mère.

– Quoi ? Qu'est-ce que tu as dit ? demande Zeina

– J'ai dit que tu vas être médecin dans le futur. Tu vas faire une différence !

– Un médecin... Oh je ne sais pas maman, répond Zeina.

Quand Zeina était petite, son rêve était de devenir **hôtesse de l'air** [11], puis elle

---

[11] **Hôtesse de l'air** – stewardess

voulait être médecin. En grandissant, elle s'est intéressée à la cuisine et à la décoration d'intérieur. Mais maintenant, après avoir vu le street art à la télé, elle veut être **graffeuse**[12].

---

[12] **graffeuse** – female graffiti artist

CHAPITRE 5
LE GRAFFITI AU SÉNÉGAL

Il est important de comprendre le monde du graffiti au Sénégal. Le graffiti est populaire au Sénégal. Il y a beaucoup de graffiti un peu partout dans la ville. Il y a du graffiti sur les bâtiments. Il y a du graffiti sur tous les murs de la ville.

En Afrique, le graffiti n'est pas seulement une forme d'art. Le graffiti est une façon de vivre, un style de vie. Le graffiti est une culture spécifique. C'est une communauté. Cette culture est la culture hip-hop. Au Sénégal, le graffiti est accepté : il n'y a pas de loi qui l'interdit. Le graffiti n'est pas illégal comme dans d'autres endroits. Le graffiti est toléré.

La plupart des graffeurs sont des hommes, mais le graffiti n'est pas un art réservé aux hommes.

Le Sénégal a découvert le graffiti par le mouvement hip-hop qui est venu des États-Unis. Aujourd'hui la musique hip-hop tient une grande place dans la culture au Sénégal.

« Je veux mieux comprendre le graffiti » pense Zeina.

Elle décide de faire des recherches sur le graffiti en ligne. Elle sourit pendant qu'elle fait des recherches. Elle est fascinée par toute l'information qu'elle trouve. Elle est fascinée par tout cet art.

Après plus de recherches, elle demande à son ami Carba où elle peut en apprendre plus sur le graffiti. Carba habite à Thiaroye, il **gère**[13] un cybercafé. Carba lui dit d'aller à l'association Africulturban pour voir Grafixx, un graffeur très talentueux. Elle trouve Africulturban sur internet. C'est une association dont la mission est de promouvoir et faire connaître le hip-hop et

---

[13] **gère** – manages

les cultures urbaines. Cette association l'intéresse.

***

– Zeina ! On mange ! dit sa maman.

– Un moment, maman, répond Zeina.

Elle termine ses recherches. Après, elle va manger. Son père est dans la salle à manger avec sa mère.

– Zeina, est-ce que tu as réfléchi à où tu veux aller à l'université ? demande sa mère.

– Je ne sais pas, mais je veux aller à une université d'art, répond Zeina.

– Tu peins toujours pendant la semaine et le week-end. Je veux que tu passes plus de temps avec des livres ou à rechercher des universités, répond sa maman.

– Mais c'est ma passion. Je préfère peindre. J'aime l'art, maman. Papa, tu sais que j'aime beaucoup l'art.

– Oui, Zeina, je sais. J'ai une idée. Je te propose d'aller à l'école des beaux-arts parce que je vois que tu aimes bien dessiner, dit son père.

Zeina regarde sa maman tristement. Elle aime sa mère. C'est une personne très gentille. Sa mère est sénégalaise. Son père est **burkinabé**[14]. Son père la comprend mieux. Sa mère ne la comprend pas. Sa mère ne comprend pas l'art. Zeina n'est pas d'accord avec tout ce que sa mère croit. Son père a une bonne influence sur sa mère. Il a des croyances moins traditionnelles que sa mère. Il est plus ouvert.

– J'ai préparé ton plat préféré, **Mbaxalou Saloum**[15].

---

[14] **burkinabé** – from Burkina Faso (a country in Africa)
[15] **Mbaxalou Saloum** – a popular rice dish in Senegal.

– Oh, Mbaxalou Saloum ! Mon préféré ! Merci, maman.

Après dîner, Zeina continue ses recherches, elle a trouvé sur internet plus d'informations qui l'intéressent.

CHAPITRE 6
GRAFIXX

En 2007, après l'école, Zeina va à une réunion avec Grafixx à Africulturban. Elle va à la réunion parce qu'elle est intéressée par le hip-hop. Elle est aussi intéressée par le graffiti. Elle aime la musique hip-hop et elle aime aussi peindre.

Quand elle arrive elle ne sait pas où aller.

– Bonjour, où se trouve l'association Africulturban ? demande Zeina.

– Ah, oui, là-bas, répond le garçon.

Zeina marche vers une table. Il y a des jeunes assis et tout le monde a un look hip-hop. Elle est timide, mais elle demande après Grafixx.

– Où est-ce que je peux trouver Grafixx ?

Un moment passe et Grafixx arrive.

– Bonjour, je m'appelle Zeina.

– Bonjour Zeina. Je m'appelle Grafixx. Comment est-ce que je peux t'aider ?

– J'ai parlé avec Carba et il m'a parlé de toi. Il m'a dit que tu peux m'aider avec mon intérêt pour le graffiti.

– Oh, super ! Tu es intéressée par le graffiti ? demande Grafixx.

– Oui, absolument, je veux faire du graffiti.

Zeina continue à parler avec Grafixx. Elle reste pendant toute la réunion.

Après la réunion, à l'âge de 17 ans, Zeina est sûre qu'elle veut peindre sur les murs et commencer à s'exprimer avec le graffiti.

Elle retourne chez elle. Elle habite dans une grande maison avec une **basse-cour** [16] où on peut voir beaucoup d'animaux domestiques. Zeina aime sa grande maison. Sa mère a fait construire des enclos pour les moutons, les chèvres et même des **poulaillers**[17]. Elle aime habiter où c'est tranquille et calme. Quand elle rentre chez elle, elle voit sa mère assise à table.

– Salut Zeina. Comment ça va ?

---

[16] **basse-cour** – courtyard
[17] **poulaillers** – chicken coup, hen house

— Salut maman. Ça va bien ! Je suis allée à une réunion à Africulturban. Je suis très intéressée par cette association !

— Zeina, tu dois te concentrer plus sur tes études et te décider pour une université. Il n'y a pas de temps pour les autres choses.

Zeina ne dit rien à sa mère. Elle va dans sa chambre. Soudain, elle sent son portable vibrer. Elle le regarde : c'est un message de Grafixx !

> *Je peux être ton mentor, si tu veux et si tu es intéressée ?*

Zeina n'en croit pas ses yeux. Elle a un message de Grafixx. Elle répond au message et confirme qu'elle est intéressée, très intéressée.

Ce soir-là elle ne peut pas dormir parce qu'elle est nerveuse. Elle est nerveuse de travailler avec Grafixx. Grafixx la rend nerveuse. C'est un graffeur très talentueux au Sénégal. Elle n'y croit pas.

Elle pense à sa mère et aux choses qu'elle dit toujours sur l'art. Elle sait que sa mère n'aime pas l'art ou le graffiti. Elle décide que c'est mieux si elle ne parle pas de ce message à sa mère. En réalité, c'est seulement un message et qui sait ce qui va se passer ?

CHAPITRE 7
UNE EXPÉRIENCE AVEC LE GRAFFITI

Pendant les semaines suivantes, tout continue comme d'habitude jusqu'à ce que Zeina commence à faire du graffiti. Sa mère remarque que Zeina passe beaucoup de temps avec Grafixx après l'école. C'est là qu'elle remarque que sa passion pour l'art, le graffiti et le hip-hop est réelle.

À l'école, Zeina se concentre sur ses études. Après l'école, elle passe du temps avec Grafixx à Africulturban. Elle veut apprendre tout ce qu'elle peut de lui.

Un jour, après l'école, sa mère lui demande :

– Zeina, ça va ? Tu n'es pas toi-même, ces derniers temps. Tu passes beaucoup de temps à Africulturban. Tu sais que tu peux me parler.

Zeina voit que sa mère est inquiète. Elle ne veut pas **mentir**[18] et elle doit expliquer sa situation à sa mère. Elle a peur que sa mère ne la comprenne pas, mais elle doit lui expliquer.

---

[18] **mentir** – to lie

– Oui, ça va maman. Il y a beaucoup de projets et d'examens à l'école et je suis un peu stressée. J'ai décidé que je veux continuer mon travail avec le graffiti et le street art à Africulturban.

– Zeina, le graffiti ? Ce n'est pas un travail. Ton père et moi pensons que tu dois continuer tes études. Tu dois choisir un travail où tu peux aider les autres, répond sa mère.

– Je peux continuer mon éducation et faire du graffiti, maman. Je n'ai pas besoin d'être médecin pour pouvoir aider les autres. Et je peux aider les autres avec le graffiti. Je veux exprimer des messages positifs, des messages d'amour et de paix. Je veux faire une différence avec mon art. Tu vas voir maman, je vais faire une différence, explique Zeina.

Après avoir fini de discuter avec sa mère, Zeina passe beaucoup de temps dans sa chambre. C'est évident que sa mère n'est pas d'accord avec l'idée qu'elle **veuille**[19] être graffeuse. Ses parents ne comprennent pas qu'elle veuille absolument aller peindre sur des murs dans la rue, ou juste dessiner sur des toiles.

---

[19] **veuille** – wants

Elle veut envoyer un message à Grafixx pour expliquer comment elle se sent et qu'elle est sérieuse pour le graffiti. Elle commence à écrire beaucoup de messages mais elle ne les envoie pas. Elle ne veut pas s'expliquer par un message. Elle doit lui parler en personne.

CHAPITRE 8
ZEINIXX

En 2008, à l'âge de 18 ans, Zeina devient la première graffeuse au Sénégal. Jour après jour, Zeina voit comment la société traite les femmes au Sénégal. Elle n'aime pas ça et, comme graffeuse et comme femme, elle veut changer ça.

Zeina aime faire partie d'Africulturban. Elle est honorée que Grafixx soit son mentor. Pour dire merci, elle a choisi de garder l'alias « Zeinixx ». C'est un nom qui consiste de son nom et du nom de Grafixx. Le nom Zeinixx a été créé par DJ ZEE

MASTER qui jouait avec les mots en voyant Zeina et Grafixx faire des ateliers, il disait tout le temps « Zeina + Grafixx = Zeinixx ». Et c'est comme ça que tout le monde à Africulturban a commencé à l'appeler Zeinixx.

(Photo by Ricci Shryock/ONE)

Au Sénégal, la majorité des graffeurs sont des hommes. Zeinixx aime travailler avec les autres graffeurs. Les graffeurs sont comme des frères pour elle. Les graffeurs la respectent toujours. Ils l'appellent « First Lady » ou « Queen ». Ils la traitent comme un membre de leur famille. Elle est contente d'avoir trouvé un groupe **auquel elle appartient** [20]. Un groupe qui l'accepte pour elle-même.

Un jour avant l'école, sa mère dit :

— Zeina, comment ça va ?

---

[20] **auquel elle appartient** – to which she belongs

– Ça va très bien. Enfin, je me sens bien parce que j'ai trouvé le groupe auquel j'appartiens. Un groupe qui m'accepte comme je suis.

Sa mère la regarde. Elle voit que sa fille est contente, très contente. Malgré tout ce qu'elle pense du graffiti et du street art, elle est **ravie**[21] de voir sa fille contente. C'est la seule chose qu'une mère veut pour son enfant, que son enfant soit content.

– Zeina, ton père et moi t'acceptons. Nous pensons que tu as plus de talents, pas seulement pour l'art, dit sa mère.

---

[21] **ravie** – delighted

Zeina ne répond pas. C'est évident que sa mère ne comprend pas. C'est évident que sa mère ne **la soutient**[22] pas.

– Je dois aller à l'école ou je vais être en retard.

Sa mère ne répond pas. Elle ne sait pas quoi dire. Elle regarde Zeina pendant qu'elle marche vers la porte. Sa mère ne sait pas ce qui se passe mais Zeina est différente ; un peu distante.

---

[22] **la soutient** – support her

CHAPITRE 9
DES MESSAGES POSITIFS

Après avoir fini le lycée, Zeina fait des études supérieures, pendant 2 ans, en management des entreprises.

Elle continue à faire du graffiti et aussi du **slam** [23]. Elle continue à travailler à l'association Africulturban. Elle aime faire partie d'une association qui aide au développement et à la promotion du hip-hop et des cultures urbaines en Afrique.

---

[23] **slam** – a form of performance poetry that combines the elements of performance, writing, competition, and audience participation.

Comme graffeuse, Zeinixx voit comment la société traite les femmes. Pendant qu'elle peint sur les grands murs il y a beaucoup de personnes qui la regardent, qui ne comprennent pas pourquoi il y a une femme qui fait du graffiti. Elle n'aime pas ça, et comme graffeuse et comme femme, elle veut changer ça.

(Photo by Ricci Shryock/ONE)

Un jour elle parle avec sa mère et son père :

– Zeina, comment vas-tu ? demande sa mère.

– Tout va bien. La vie de graffeuse en Afrique est pleine et remplie de bonnes et belles choses, et de grandes opportunités. Je suis exactement où je veux être.

Sa mère regarde son père et elle sourit.

– J'ai fait ma première exposition en solo qui s'appelait « First Lady ». J'ai eu l'opportunité de montrer aux jeunes, surtout aux femmes, qu'il est possible de faire ce qu'on aime faire. Il est possible que les femmes aient une voix. Je veux continuer à écrire des messages d'espoir pour les jeunes filles et les femmes, explique Zeina.

– C'est évident que tu es contente. Nous sommes contents pour toi. C'est important que tu comprennes que nous te soutenons Zeina, répond sa mère.

Elle regarde sa mère. Pour la première fois, elle sent qu'elle **a réussi**[24] comme femme. Elle a réussi à choisir son métier. Elle sourit et dit :

---

[24] **a réussi** – succeeded

– Merci. C'est trop cool de pouvoir faire ce que j'aime et être une voix positive pour les filles et les femmes.

Pendant qu'elle continue son travail avec Africulturban, Zeinixx continue à **véhiculer** [25] des messages positifs pour que les femmes puissent s'y identifier. Elle aime véhiculer des messages d'amour, d'espoir et de paix.

---

[25] **véhiculer** – to spread

CHAPITRE 10
UNE LUTTE POUR LES FEMMES

Après toutes ses expériences, Zeinixx, **se bat**[26] pour que les enfants et les femmes **aient**[27] le droit de choisir leurs **métiers**[28] dans le futur. Elle veut que leur travail ne **soit** [29] pas un **fardeau** [30] mais une passion.

Zeinixx a beaucoup de succès comme femme au Sénégal, mais ce n'est pas le cas pour la majorité des jeunes filles. Elle lutte

---

[26] **se bat** – struggles
[27] **aient** – have
[28] **métiers** – careers
[29] **soit** – be
[30] **fardeau** – burden

pour que les parents puissent accompagner leurs enfants, surtout les filles, à choisir ce qu'ils aimeraient faire comme métier dans le futur. Tout le monde a le droit de choisir ce qu'il aimerait faire comme métier dans le futur.

Aujourd'hui, Zeinixx est chargée de communication et de projet pour l'association Africulturban. Elle ne se limite pas au graffiti. Elle est aussi **slameuse**[31], membre du duo Zeinixx et Sall Ngaary. Elle aime être slameuse parce que c'est une autre façon de s'exprimer.

---

[31] **slameuse** – female slam poet

Elle aime cette forme d'expression parce qu'il y a beaucoup de liberté.

(Photo by Moshady)

Elle travaille beaucoup avec les organisations qui aident les femmes et elle continue à promouvoir les droits des femmes.

(Photo by Moshady)

Elle peint un art jeune, un art nouveau, un art engagé, parfois très engagé, parce qu'elle est jeune et engagée aux côtés des populations.

Même aujourd'hui, Zeinixx utilise ses graffitis, pour faire campagne pour les droits des femmes. Elle continue à utiliser ses graffitis pour s'exprimer sur des questions sociales.

Plus important encore, elle est devenue un modèle pour beaucoup de jeunes filles sénégalaises.

Selon Zeinixx, la vie est trop courte pour ne pas s'aimer : « Aimez-vous vous-même, aimez les autres et cultivons la paix dans les cœurs ».

(Photo by Zeinixx)

(Photo by Bmax)

(Photo by Zeinixx)

Interested in seeing more from Zeinixx? Follow her on any of her social media sites:
Instagram :
https://www.instagram.com/zeinixx/?hl=en
Facebook :
https://www.facebook.com/zeinixxlfdm/

GLOSSAIRE

A

a - has
absolument - absolutely
accepte - accept(s)
acceptons - accept
accepté - accepted
accompagner - to accompany
achète - buys
acheter - to buy
ado - teenager
afrique - Africa
âge - age
agricultrice - farmer
ai - have
aide - helps
aident - help
aider - to help
aient - have
aime - like(s)
aimer - to like
aimeraient - would like
aimerait - would like
aimes - like
aimez - like
aimez-vous - do you like
aimé - liked
alias - alias
aller - to go
allée - went

ami(s) - friend(s)
amour - love
animaux - animals
ans - years
appartiens - belong
appartient - belongs
appelait - called
appeler - to call
appelle - calls
appellent - call
apprendre - to learn
après - after
arrive - arrives
as - have
assis(e) - seated
ateliers - group work
au - at the, to the
aujourd'hui - today
aussi - also
autre(s) - other(s),
aux - at the, to the
avant - before
avec - with
avenir - future
avis - opinio
avoir - to have

bâtiments - buildings
beaucoup - a lot
beaux - beautiful
belles - beautiful
besoin - need

bien - well
bizarre - strange
bonjour - hello
bonne(s) - good

Ç

calme - calm
campagne - countryside
capitale - capital
cas - case
ce/c' - this
ceci - this is
cela - this, that
ces - these
cet - this
cette - this
chambre - bedroom
changer - to change
chanson(s) - song(s)
chanter - to sing
chanteuse - singer
chargée - in charge of
chaussures - shoes
cherche - look(s) for
chèvres - goats
chez - at the home of
choisi - chose
choisir - to choose
chose(s) - thing(s)
coeurs - hearts
comme - like, as
commence -

begin(s)
commencer - to begin
commencé - began
comment - how
commerçante - storekeeper
communauté - community
complices - partners in crime
comprend - understands
comprendre - to understand
comprends - understand
comprenne - understands
comprennent - understand
comprennes - understand

concentre - concentrates
concentrer - to concentrate
confirme - confirms
connaître - to know
consiste - consist
construire - to build
content(e)(s) - happy
continue - continue(s)
continuer - to continue
côtés - sides
couleurs - colors
courte - short
crie - yells
croit - believes
croyances -

beliefs
créé - created
cuisine - food
cultivons - cultivate, grow
cybercafé - internet café

D

d'accord - ok
Dakar - Capital of Sénégal
dans - in
de - of, from
décide - decides
décider - to decide
décidé - decided
découvert - discovered
demande - asks
derniers - last
des - some
dessiner - to draw
détail - detail
détruit - destroyed
développement - development
deux - two
devenir - to become
devenue - became
devient - becomes
d'habitude - usual
dîner - dinner
dire - to say
disait - used to say
discuter - to discuss
distante -

distant
dit - says
dois - must
doit - must
domestiques - domestic
dont - whose
dormir - to sleep
droit(s) - right(s)
du - of the, from the

#

école - school
écoute - listens
écouter - to listen
écrire - to write
éleveuse - raiser
elle - she
elle-même - herself
elles - they
en - in
enclos - inlcosed
encore - still, yet
endroits - places
enfance - childhood
enfant(s) - kid(s)
enfin - finally
engagé(e) - engaged
entre - between
entreprises - companies
envoie - sends
envoyer - to send
épaule - shoulder

es - are
espoir - hope
est - is
et - and
était - was
états - states
études - studies
étudier - to study
été - summer
être - to be
eu - had
évident - obvious
exactement - exactly
examens - tests
explique - explains
expliquer - to explain
exposition - exhibition
exprimer - to express

façon - way
faire - to do, make
fais - do
fait - does
famille - family
fascinée - fascinated
femme - woman
femmes - women
fille(s) - girl(s)
fini - finished
fois - time, instance
forme(s) - form(s)
frères - brothers
futur - future

G

garçon - boy
garder - to look over
gens - people
gentille - nice
graffeur(s) - male graffiti artist(s)
graffeuse - female graffiti artist
grand(e)(s) - big
grandissant - growing up
groupe - group
génie - genius

H

habite - lives
habiter - to live
histoire - story
hommes - men
honorée - honored

i

identifier - to identify
idée - idea
il - he
illégal - illegal
ils - they (m.)
incroyable - incredible
ingénieur - engineer
inquiète - worried
interdit - forbidden
intérêt - interest
intéresse - interest
intéressée -

interested
intérieur - inside

J

j'/je - I
jeté(e)(s) - threw
jeune(s) - young
jouait - played
jour - day
journée - day
juillet - July
jusqu'à - until
juste - fair

L

l' - the
la - the
là-bas - over there
le - the
les - the
leur(s) - their
liberté - freedom
ligne - line
limite - limit
lire - to read
lis - read
livres - books
loi - law
lui - him, her
lutte - struggle
lycée - high school

M

m' - me, to me
ma - my
magasin - store
magnifique - magnificent
maintenant - now
mais - but

maison - house
majorité - majority
malgré - in spite of
malien - from Mali
malienne - from Mali
maman - mom
mange - eat(s)
manger - to eat
marche - walks
matériel - material
me - me, to me
meilleur - better
membre - member
mentir - to lie
merci - thanks
mes - my
mieux - better
modèle - model

moi - me
moins - less
mon - my
monde - world
montrer - to show
mots - words
moutons - sheep
mouvement - movement
mur(s) - wall(s)
musique - music
médecin - doctor
métier(s) - occupation(s)

N

n'... pas - not
ne... pas - not
nerveuse - nervous

nom - name
normalement - normally
nous - we
nouveau - new
née - born
négatifs - negative

O

on - we
ont - have
opportunité - opportunity
opportunités - opportunity
ordinaire - ordinary
organisations - organizations
ou - or
oú - where
ouest - west
oui - yes
ouvert - open

P

paix - peace
papa - dad
par - by
parce que - because
parfois - sometimes
parle - speak(s)
parlent - speak
parler - to speak
parlé - spoke
partie - part
partout - everywhere
pas - not
passe - spends
passent - spend
passer - to spend
passes - spend

pays - country
peignent - paint
peindre - to paint
peins - paint
peint - paints
peinture(s) - painting(s)
pendant - during
pense - think(s)
pensons - think
personne(s) - person(s)
perte - loss
petite - small
peu - little
peur - feat
peut - can
peux - can
plat - dish
plein(e) - full
plupart - majority

plus - more
populaire(s) - popular
portable - cell phone
porte - door
positifs - positive
poubelle - garbage can
pour - four
pourquoi - why
pouvoir - to be able
première - first
problème - problem
promouvoir - to promote
préfère - prefer
préféré - preferred
préparé - prepared

puis - then
puissent – can

Q

qu - what
quand - when
que - what, that
quel - what
quelque(s) - some
qui - who
quoi - what

R

ravie - delighted
réalité - reality
rechercher - to research
recherches - research
réelle - real
réfléchi - thought
regarde - watch
regardent - watch
remarque - notices
remplie - full
rend - makes
rentre - comes back
répond - repond(s)
réponse - response
réservé - reserved
respectent - respect
reste - stay
retard - late
retourne - returns

réunion - meeting
réussi - succeeded
rêve(s) - dream(s)
reviens - come back
rien - nothing
rue - street

S

sa - his, her
sais - know
sait - knows
salle - room
salut - hello
scolaire - school
se - herself, himself
selon - according to
semaine(s) - weeks(s)
Sénégal - Senegal
sénégalaise(s) - Senegalese
sérieuse - serious
sens - feel
(se) sent - feels
ses - his, her
seule - alone
seulement - only
si - if
sociales - social
société - society
soient - are
soir - evening
soit - is
sommes - are
son - his, her
sont - are
soudain - suddenly

sourit - smiles
soutenons - support
soutient - supports
souvent - often
spécifique - specific
stressée - stressed
succès - success
suis - am
suivantes - following
supérieures - superior
sur - on
surtout - especially

T

t' - you, to you
talentueux - talented
(plus) tard - later
te - you, to you
télé - tv
temps - time
termine - end(s)
terre - land
tes - your
tient - holds
timide - shy
toi - your
toiles - canvases
toléré - tolerated
ton - your
touche - touches
toujours - always
tous - all
tout(e)(s) - all
traditionnelles - traditional

traite - treats
traitent - treat
tranquille - calm
travail - work
travaille - work(s)
travailler - to work
très - very
tristement - sadly
trop - too much
trouve - find(s)
trouver - to find
trouvé - found
tu - you

U

un(e) - a, an
unis - united
université(s) - university(ies)
urbaines - urban
utilise - use(s)
utiliser - to use

V

va - goes
vais - go
vas - go
véhiculer - to spread
vendre - to sell
vendredi - Friday
venir - to come
venu - came
vers - toward
vêtements - clothing
veuille - wants
veut - wants
veux - want
vibrer - to vibrate

vie - life
ville - town
vivre - to live
voir - to see
vois - see
voit - sees
voix - voice
voulait - would like
vous - you (plural)
vous-même - yourself
voyant - seeing
vu - saw

y - there
yeux - eyes

ABOUT THE AUTHOR

Theresa Marrama is a French teacher in northern New York. She has been teaching French to middle and high school students since 2007. She is the author of many language learner novels and has also translated a variety of Spanish comprehensible readers into French. She enjoys teaching with Comprehensible Input and writing comprehensible stories for language learners.

Theresa Marrama's books include:
Une Obsession dangereuse, which can be purchased at www.fluencymatters.com

Her French books on Amazon include:

Une disparition mystérieuse
L'île au trésor : Première partie :
La malédiction de l'île Oak
L'île au trésor : Deuxième partie :
La découverte d'un secret
La lettre
Léo et Anton
La maison du 13 rue Verdon
Mystère au Louvre
Perdue dans les catacombes
Les chaussettes de Tito
L'accident
Kobe – Naissance d'une légende
Kobe – Naissance d'une légende (au passé)
Le Château de Chambord : Première partie :
Secrets d'une famille

Her Spanish books on Amazon include:

La ofrenda de Sofía
Una desaparición misteriosa
Luis y Antonio
La carta
La casa en la calle Verdón
La isla del tesoro: Primera parte: La maldición de la isla Oak
La isla del tesoro: Segunda parte: El descubrimiento de un secreto
Misterio en el museo

Los calcetines de Naby
El accidente
Kobe – El nacimiento de una leyenda (en tiempo presente)
Kobe – El nacimiento de una leyenda (en tiempo pasado)

Her German books on Amazon include:
Leona und Anna
Geräusche im Wald
Der Brief
Nachts im Wald
Die Stutzen von Tito
Der Unfall
Kobe – Geburt einer Legende
Kobe – Geburt einer Legende (Past Tense)
Das Haus Nummer 13

Check out Theresa's website for more resources and materials to accompany her books:
www.compellinglanguagecorner.com

Check out her e-books:
www.digilangua.co

Made in the USA
Columbia, SC
25 September 2024